Inhalt

Zement - Wachstum auf wackeligem Fundament

Kernthesen

Beitrag

Fallbeispiele

Zahlen und Fakten

Weiterführende Literatur

Impressum

Zement - Wachstum auf wackeligem Fundament

Autor GENIOS BranchenWissen: M.Reich

Kernthesen

- Der Markt wird von einigen wenigen Großkonzernen dominiert, Fusionen und Übernahmen prägen das Bild.
- Hohe Schadensersatzklagen belasten die von Kartellskandalen geschüttelte Branche.
- Besonders die hohen Stromkosten in Deutschland, die etwa 14% der Gesamtkosten ausmachen, entwickeln sich zu einem Nachteil gegenüber den internationalen Konkurrenten.
- Der Zementverbrauch hat sich in 2004 um weitere 4% verringert, aber für 2005 ist - nicht zuletzt aufgrund der leichten Belebung der europäischen Bauwirtschaft - verhaltener Optimismus zu spüren.

Beitrag

Nach Zerschlagung der Preis- und Quotenkartelle durch das Bundeskartellamt wird die Zementbranche nun vermehrt von Fusionen und Übernahmen geprägt. Der Weltmarkt wird in hohem Tempo neu verteilt. Eine leichte Belebung der europäischen Bauwirtschaft begünstigt auch die Zementindustrie, wobei weiterhin das Sanierungsgeschäft eine stärkere Dynamik entfaltet.

Ungebremster Konsolidierungsprozess

Jüngstes Beispiel ist die Übernahme von Heidelberg Cement, dem größten deutschen Zementhersteller, durch Spohn Cement GmbH, einer Firma des schwäbischen Pharma-Unternehmers Merckle. Pikantes und kartellrechtlich relevantes - Detail: Merckle ist mit einer Tochter des drittgrößten deutschen Zementherstellers Schwenk verheiratet. (1) Spekulationen gibt es auch über ein eventuelles Übernahmeangebot für den führenden portugiesischen Zementkonzern Cimpor durch den französischen Branchenriesen Lafarge, der bereits zweitgrößter Anteilseigner ist. (2)

Mit Übernahme der britischen RMC durch die mexikanische Cemex und mit der kürzlich erfolgten Übernahme der britischen Aggregate Industries durch Holcim hat sich ein internationales Trio an der Spitze der Zementhersteller gebildet: die französische Lafarge, gefolgt von der schweizerischen Holcim und Cemex. [Abb.1]

Auch in Deutschland wird das Marktgeschehen überwiegend von den international agierenden Großunternehmen diktiert. Die Branche ist zwar mit 25 Unternehmen insgesamt noch mittelständisch strukturiert, doch vereinen die wenigen Marktführer circa 60% des Gesamtumsatzes auf sich. Die übrigen Umsatzgrößenklassen sind zahlenmäßig in etwa zu gleich großen Teilen vertreten. Die Branche weist bereits eine sehr hohe Konzentration auf, trotzdem geht der Konsolidierungsprozess ungebremst weiter. (3)

Kartellabsprachen hatten seit vielen Jahren den Wettbewerb fast vollständig zum Erliegen gebracht und zu hohen Überkapazitäten geführt, die in ihren Grundzügen noch immer bestehen. Aufgrund der geringeren Nachfrage und niedrigen Kapazitätsauslastung werden jetzt mittelfristig die meisten kleineren Zementhersteller vom Markt verschwinden, sofern sie nicht ohnehin schon den internationalen Baustoffkonzernen gehören. Der starke Konsolidierungsprozess erklärt sich zudem durch die Notwendigkeit der nachhaltigen Rohstoffsicherung. Die langfristige Sicherung der Rohstoffreserven vor allem Steinbrüche, Sand- und Kiesgruben bewirkt ein starkes Engagement der Großkonzerne hauptsächlich in Osteuropa. Vor allem Kalkstein-Lagerstätten erweisen sich als rar.

Flaue Baukonjunktur und hohe Energiepreise schwächen die Zementindustrie

Die Zementindustrie leidet unter der Talfahrt der Baukonjunktur in den letzten Jahren in Deutschland und Europa und kämpft gegen die schrumpfende Basis am Heimatmarkt. Auf den Margendruck der vergangenen Jahre hat die Zementindustrie mit Maßnahmen zur Struktur- und Kapazitätsanpassung reagiert. In Folge hat der Zementverbrauch in 2004 rund 4% gegenüber dem Vorjahr abgenommen und beträgt nur noch 28,7 Millionen Tonnen. Auch in diesem Jahr wird die schleppende Baukonjunktur nicht für mehr Zementkonsum sorgen. Ein erneuter Rückgang des Verbrauchs um weitere 4% wird erwartet. (3)

Die Zahl der Beschäftigten in den

Mitgliedsunternehmen des Bundesverbandes der deutschen Zementindustrie ist aufgrund der Strukturanpassungen ebenfalls erneut gesunken. In 2004 waren in der Branche nur noch gut 7 000 Beschäftigte tätig. Das entspricht einem Rückgang gegenüber dem Vorjahr um 17%. In den letzten zehn Jahren ist fast die Hälfte aller Arbeitsplätze in der Branche verloren gegangen.

Der Umsatz der Zementhersteller hingegen hat sich wieder stabilisiert, auf einem Niveau von gut 40% unter dem Wert von 1998. In 2004 beläuft er sich auf EUR 1,7 Milliarden, mit vorsichtig positiven Aussichten für 2005. Das ist nicht nur auf das Abflauen des harten Preiskampfes zurückzuführen ausgelöst in 2003 durch Readymix (heute Cemex) beim Kampf um Marktanteile -, sondern auch auf steigende Zementpreise. Damit ist auch das deutsche Geschäft wieder profitabel für die Branche.

Die gestiegenen Zementpreise spiegeln aber auch die hohen Kosten der Zementherstellung aufgrund steigender Strom- und Brennstoffpreise wieder, die die Industrie stark belasten. Die Zementproduktion ist ein sehr energieintensiver Prozess mit einem hohen Energieverbrauch, der etwa 14% der Gesamtkosten ausmacht und damit den Erzeugerpreis spürbar verteuert. Nach Auffassung des Verbandes entwickeln sich besonders die Stromkosten zu einem Nachteil gegenüber den internationalen Konkurrenten, da in fast allen europäischen Ländern die Industriestrompreise deutlich unter dem deutschen Preisniveau liegen. (5) So herrscht besonders im grenznahen Raum ein starker Konkurrenzdruck durch osteuropäische Niedrigpreisanbieter, die aufgrund deutlich geringerer Kostenniveaus und bislang kaum vorhandener Umweltschutzauflagen wesentlich günstiger produzieren können.

Verhaltener Optimismus für 2005

Durch die nahezu ausschließliche Abhängigkeit von der Baukonjunktur bieten sich langfristig nur sehr verhaltene Wachstumschancen. Die leichte Belebung der europäischen Bauwirtschaft begünstigt auch die Baustoffhersteller, Hauptabnehmerbranche der Zementindustrie, wobei weiterhin das Sanierungsgeschäft eine stärkere Dynamik entfaltet. Aber die internationale Diversifizierung ermöglicht den deutschen wie auch den europäischen Zementherstellern eine Verringerung der Konjunkturrisiken, da die internationalen Baumärkte in der Regel unterschiedlichen Konjunkturzyklen folgen.

Im Straßenbau ist im Gegensatz zu den meisten

anderen Bausparten mit einer Konjunkturbelebung zu rechnen, da sich die Investitionsbereitschaft nach und nach parallel zu den Maut-Einnahmen ausweiten wird. Aufgrund der notwendigen Erhaltungsinvestitionen im Verkehrswegebau zur Sanierung von Autobahnen, Brücken, Tunneln und des Schienennetzes eröffnen sich neue Geschäftsperspektiven, die eine etwas günstigere Entwicklung als in den vergangenen Jahren vermuten lassen. (3)

Auch durch vertikale Integration konnten die führenden Zementhersteller Marktanteile gewinnen. Fast alle haben in ihre Abnehmerindustrien diversifiziert Transportbeton, Baustoffe und Betonfertigteile und können so Marktschwankungen besser ausgleichen. Die kürzlich erfolgte Akquisition von Aggregates Industries (UK) durch Holcim ermöglicht dem Unternehmen den Einstieg in die Asphalt- und Transportbetonindustrie Großbritanniens.

Doch den Zementherstellern droht auch wieder neues Ungemach. Kartellgeschädigte Kunden verlangen von den Unternehmen Schadensersatz in Höhe von EUR 140 Millionen, nachdem das Bundeskartellamt wegen unerlaubter Kartellabsprachen vor gut zwei Jahren bereits Bußgelder von EUR 661 Millionen verhängte. 28

Zementabnehmer werden ihre Klage gegen Lafarge, Dyckerhoff und Readymix einreichen eine weitere Belastung in relevanter Größenordnung für das Betriebsergebnis der Unternehmen. (4)

Zu einer zusätzlichen Kostenbelastung für die energieintensive Zementindustrie dürfte die nach dem Inkrafttreten des Kyoto-Protokolls (Klimaschutzabkommen) erfolgte EU-weite Zuteilung von CO_2-Emissionszertifikaten führen. Der Verband kritisierte die isolierte Einführung des Emissionshandels in der Europäischen Union, da dies zu drastischen Wettbewerbsnachteilen gegenüber außereuropäischen Produktionsstandorten führt. (5)

Fallbeispiele

Wo wird Zement benötigt?

Hauptabnehmer für Zement ist die Bauwirtschaft. Zur Betonproduktion wird Zement mit Kies, Sand, Wasser und zunehmend auch chemischen Aggregaten zu verschiedenen Baustoffen verarbeitet. Die größte Bedeutung haben dabei Transportbeton und Betonfertigteile. Etwa 49% des Zements werden zur Herstellung von Transportbeton verwendet. Auf die Herstellung von Betonfertigteilen entfallen etwa 25%. Direkt an der Baustelle werden etwa 10% des Zements zu Beton verarbeitet. Der Rest wird zur Produktion von Mörtel, Putz, Estrich oder diversen Einsatzzwecken (Spritzbeton, Bodenverfestigung, Bergbauprodukte) benötigt. (6)

Die Aufteilung des Zementverbrauchs nach Bauarten ergibt dabei folgendes Bild: Wohnungsbau 37%, Tiefbau 34% und übriger Hochbau 29%.

Welche Merkmale charakterisieren die Zementindustrie?

Kapitalintensiv

- Investitionsprojekte amortisieren sich daher nur langfristig und können nur dann realisiert werden, wenn die Rohstoffversorgung nachhaltig gesichert ist

Standortgebunden

- Rohstofflagerstätten müssen sich in unmittelbarer Nähe der Werke befinden und der Absatz der Produkte erfolgt aufgrund der hohen Transportkostenintensität vor allem in regionalen Märkten

Rohstoff- und energieintensiv

- Schonung der Ressourcen (z.B. verstärkter Einsatz von billigen Sekundärbrennstoffen wie Altöl, Altreifen oder chemischen Abfallprodukten zur Schonung fossiler Energieträger) und die Steigerung der Energieeffizienz (Stromverbrauch in 2004 von über 3 Millionen MWh) sind wichtige EinflussgrößenNach Angaben des Verbandes besteht die Branche in 2004 aus 23 Unternehmen mit 59 Zementwerken [Abb.2] und 7 721 Beschäftigten. (6)

Wo sehen die Unternehmen neue Chancen?

Heidelberg Cement und Lafarge setzen auf Wachstumsmarkt China

Die Zementkonzerne kämpfen um gute Startpositionen auf dem boomenden chinesischen Markt, der derzeit von zahlreichen kleinen und mittleren Firmen geprägt ist. Heidelberg Cement hatte erst im Juni ein neues Werk seines Joint Ventures China Century Cement mit einer Kapazität von 2,3 Millionen Tonnen pro Jahr in Betrieb genommen und ein Trockenmörtel-Werk der Heidelcement-Tochter Maxit nimmt gerade die Arbeit auf. Auch Lafarge erhöht durch Gründung eines Gemeinschaftsunternehmens mit der in Hongkong notierten Shui On Construction and Materials (Socam) seine Investitionen in China auf das Doppelte. China gilt als eine der weltweit wachstumsstärksten Regionen für die Branche. (8)

Baustoffriese Dyckerhoff punktet dank US-Geschäft und Osteuropa

Dyckerhoff, mehrheitlich der italienischen Buzzi-Gruppe zuzuordnen, erhöht seinen Umsatz vor allem durch das US-Geschäft über Lonestar, sowie in der Tschechischen Republik, Rußland und der Ukraine. (9)

Holcim setzt auf Schwellenländer und Indien

Indien ist der zweitgrößte Zementmarkt der Welt und einer der am schnellsten wachsende mit durchschnittlichen Zuwachsraten von acht Prozent. Mit dem Kauf der indischen Zementgruppe ACC gelang dem schweizerischen Holcim Konzern der Einstieg in den indischen Markt. Zudem ist Holcim in Lateinamerika bereits seit Jahren verankert. (10)

Irischen Baustoffkonzerns CRH gleicht mit eigenem Vertriebsgeschäft Schwankungen in der Nachfrage aus

Neben geografischer Diversifikation setzt CRH auch auf ein zweigleisiges Vertriebskonzept indem das Unternehmen selbst im Vertrieb von Baustoffen aktiv wurde. In den Niederlanden führen es sogar eine eigene Do-it-yourself-Kette.

Zahlen & Fakten

Führende internationale Zementhersteller 2004

Unternehmen	Land	Umsatz Mrd. EUR	Produktion Mio t	Ergebnis Mio EUR
Lafarge	Frankreich	14,4	148	868
Holcim	Schweiz	8,6	139	592
Cemex*	Mexiko	10,9	97	1.310
Heidelberg Cement	Deutschland	6,9	80	-333
Italcementi	Italien	4,5	55	292

*mit RMC

Quelle: Unternehmensangaben

Entnommen aus: Handelsblatt, 112/2005, S.13

Struktur der Zementindustrie 1997-2003

Werke mit Inlandsversand von ('000 t)	Zahl der Werke			
	1997	1999	2001	2003
0 -200	18	14	12	12
201 -500	24	26	27	24
501 -1.000	16	17	18	18
über 1.000	7	9	5	6
Zahl der Werke insgesamt	65	66	62	60

Quelle: Bundesverband der Deutschen Zementindustrie (7)

Weiterführende Literatur

(1) Merckle ist in Heidelberg am Ziel 51 Prozent am

Zementriesen sicher Erste Angebotsfrist läuft aus - 6-Mrd.-Euro-Transaktion steht nichts im Wege
aus Börsen-Zeitung, 27.07.2005, Nummer 142, Seite 9

(2) Cimpor gerät in Übernahmespekulation Als möglicher Bieter gilt Zementriese Lafarge
aus Börsen-Zeitung, 01.07.2005, Nummer 124, Seite 11

(3) Bundesverband der Deutschen Zementindustrie (BDZ), Deutsche Zementindustrie zieht Bilanz, 06.12.2004
aus Börsen-Zeitung, 01.07.2005, Nummer 124, Seite 11

(4) Geprellte Kunden wollen 140 Millionen Euro von Zementherstellern
aus Frankfurter Allgemeine Zeitung, 30.07.2005, Nr. 175, S. 11

(5) Zementindustrie beklagt Strompreise
aus Frankfurter Allgemeine Zeitung, 10.05.2005, Nr. 107, S. 16

(6) Bundesverband der Deutschen Zementindustrie (BDZ), Die deutsche Zementindustrie Branchenbild (01.08.2005)
aus Frankfurter Allgemeine Zeitung, 10.05.2005, Nr. 107, S. 16

(7) Bundesverband der Deutschen Zementindustrie (BDZ), Marktstruktur (01.08.2005)
aus Frankfurter Allgemeine Zeitung, 10.05.2005, Nr. 107, S. 16

(8) Lafarge gründet Joint Venture in China
Französischer Konzern investiert 800 Mio. Dollar und greift Rivalen Heidelcement an
aus Financial Times Deutschland vom 12.08.2005, Seite 3

(9) Dyckerhoff kommt im Ausland voran
aus Frankfurter Allgemeine Zeitung, 09.08.2005, Nr. 183, S. 12

(10) Zukäufe treiben Holcims Schulden hoch
Schweizer Zementkonzern behauptet Stellung als weltweite Nummer zwei · Nettogewinn steigt im ersten Quartal
aus Financial Times Deutschland vom 03.05.2005, Seite 8

Impressum

Zement - Wachstum auf wackeligem Fundament

Bibliografische Information der deutschen Nationalbibliothek

Die Deutsche Nationalbibliothek verzeichnet diese Publikation in der deutschen Nationalbibliografie; detaillierte bibliografische Daten sind im Internet über http://dnb.d-nb.de abrufbar.

ISBN: 978-3-7379-2124-4

© 2015 GBI-Genios Deutsche Wirtschaftsdatenbank GmbH, Freischützstraße 96, 81927 München, www.genios.de

Alle Rechte vorbehalten. Dieses Werk ist einschließlich aller seiner Teile – z.B. Texte, Tabellen und Grafiken - urheberrechtlich geschützt. Jede Verwertung außerhalb der Grenzen des Urheberrechtsgesetzes bedarf der vorherigen Zustimmung des Verlags. Dies gilt insbesondere auch für auszugsweise Nachdrucke, fotomechanische Vervielfältigungen (Fotokopie/Mikroskopie), Übersetzungen, Auswertungen durch Datenbanken oder ähnliche Einrichtungen und die Einspeicherung und Verarbeitung in elektronischen Systemen.